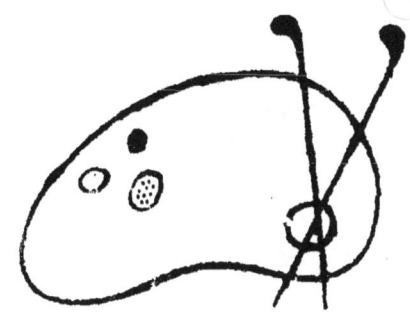

Début d'une série de documents en couleur

MÉLANGES DE NUMISMATIQUE & D'HISTOIRE

LES MONNAIES
DES
EMPEREURS GALLO-ROMAINS
(De 258 à 273)

PAR

Charles FARCINET

*Ancien Chef du Personnel Administratif au Ministère de l'Intérieur,
Officier de la Légion d'honneur et de l'Instruction Publique
Correspondant de la Société Nationale des Antiquaires de France, etc.*

Extrait de l'Ouest Artistique et Littéraire
du 15 Mars 1896

NIORT	FONTENAY-LE-COMTE
IMP. LEMERCIER ET ALLIOT	à la " *Revue du Bas-Poitou* "
6, Rue du Pilori	Rue Benjamin Fillon

1896

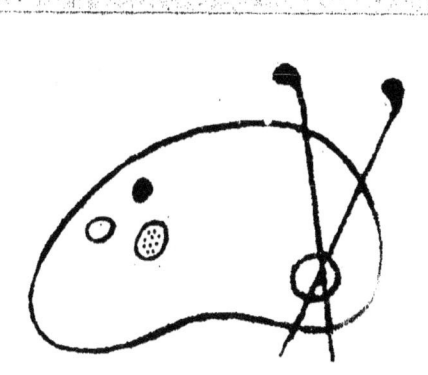

Fin d'une série de documents en couleur

LES MONNAIES
DES
EMPEREURS GALLO-ROMAINS
(De 258 à 273)

MÉLANGES DE NUMISMATIQUE & D'HISTOIRE

LES MONNAIES
DES
EMPEREURS GALLO-ROMAINS
(De 258 à 273)

PAR

Charles FARCINET

*Ancien Chef du Personnel Administratif au Ministère de l'Intérieur,
Officier de la Légion d'honneur et de l'Instruction Publique
Correspondant de la Société Nationale des Antiquaires de France, etc.*

Extrait de l'Ouest Artistique et Littéraire
du 15 Mars 1896

NIORT	FONTENAY-LE-COMTE
Imp. Lemercier et Alliot	à la " *Revue du Bas-Poitou* "
6, Rue du Pilori	Rue Benjamin Fillon

1896

LES MONNAIES

DES EMPEREURS GALLO-ROMAINS

On trouve souvent en France, et particulièrement dans la région du Sud-Ouest, des monnaies à l'effigie de Postume, de Tétricus et de quelques autres de ces empereurs usurpateurs appelés les *Trente tyrans*. Il nous a paru intéressant de donner ici la description de quelques-unes de ces pièces, à l'occasion de plusieurs découvertes récentes faites en Poitou. Rappelons auparavant ce qu'a écrit, sur le compte de ces chefs d'armée, l'éminent historien Victor Duruy :

« C'est le temps qu'on nomme, par un souvenir de l'histoire d'Athènes, la période des *Trente tyrans*. Il n'y en eut en réalité, que dix-neuf ou vingt, la plupart remarquables, car ces hommes *nés des évènements qui forcent les talents à reprendre leur souveraineté naturelle,* défendirent l'Empire romain tout en le déchirant. *Postumus* s'était déclaré en Gaule (261) et avait égorgé le jeune *Saloninus,* fils aîné de *Gallien.* Le malheureux père attaqua deux fois l'usurpateur et fut blessé en combattant contre lui. Postumus, protégé par les révoltes qui éclataient ailleurs, resta en possession de la Gaule ; mais ayant refusé à ses soldats le pillage de Mayence, ceux-ci le tuèrent (267). Son meurtrier, *Lælianus,* prit sa place et fut à son tour renversé par *Victorinus,* qu'une sédition priva quelques temps après, à Cologne, du trône et de la vie. Sa mère, Victoria (ou *Victorine*), qui exerçait un grand empire sur les soldats et avait reçu de leur affection le titre de *mère des camps ou des armées,* fit nommer empereur un ancien armurier, *Marius,* à qui un soldat, au bout de deux ou trois mois, plongea une épée dans le sein en lui disant : « C'est toi qui l'a forgée. » Le sénateur *Tétricus,* que Victorine fit ensuite élire, se tint prudemment à Bordeaux, loin des légions, et dut sans doute à cette réserve la vie et un règne de six années. *Aurélien* le renversa en 274. »

On voit par ce court résumé, l'intérêt que présente la numismatique à cette époque et dans cette région, d'autant plus que ces monnaies, et les événements auxquels elles font allusion, sont presque la seule histoire que nous ayons du plus remarquable de ces usurpateurs, *Postume*. Celui-ci était de basse condition, dit Eutrope (IX, 9), mais de grand cœur et très populaire dans les Gaules, où il était né, et dont il avait garanti la sécurité. — Quant à Tétricus, il domina sur les Gaules, l'Espagne et la Grande-Bretagne pendant que *Claude II* régnait sur le reste de l'Empire romain.

Le savant numismatiste belge, baron J. de Witte, a publié, en 1868, sous le titre de *Recherches sur les empereurs romains qui ont régné dans les Gaules,* un volume in-folio de 49 planches représentant toutes les monnaies connues frappées sous ces empereurs, avec une description détaillée. Ce travail très remarquable et très apprécié, devait être suivi d'un second volume contenant les commentaires historiques et les observations destinées à fixer la chronologie. M. de Witte n'a malheureusement pas eu le temps d'achever cette intéressante histoire des tyrans gallo-romains, qui exigeait de longues recherches et présentait d'assez grandes difficultés. Son unique volume comprend les figures et descriptions des monnaies de Postume (de l'an 258 à 267), de Lælien (267); de Victorin (265-267); de Marius (268) et de Tétricus père et fils (268-273). M. de Witte a aussi indiqué les coins fabriqués par le graveur allemand, Becker, qui s'est particulièrement plu à multiplier les contrefaçons de ces empereurs.

Voici quelques-unes de ces monnaies, avec les explications qu'elles comportent.

Postume (de 258 à 267).

Postume naquit en Gaule et il en fut nommé gouverneur par l'empereur Valérien, qui avait su l'apprécier. Il repoussa tout d'abord les Germains. Mécontent ensuite de ce que Gallien, appelé en Mésie, eût confié son fils Salonin au général Sylvain, il les renferma dans Cologne et se fit proclamer empereur par ses légions l'an 1011 de Rome (de J.-C. 258). Il fit ensuite mourir Salonin et retourna en Gaule. Après avoir vaincu Gallien, puis les Germains, Postume prit le nom de *Germanique* et de *Très grand*, comme l'indiquent plusieurs médailles. En 267, son général Lælien s'étant proclamé empereur à Mayence, Postume assiégea cettte ville et la prit ; mais en voulant s'opposer au pillage, il fut tué par ses propres soldats.

Bronze.

POSTVMVS AVG. Son buste radié, à gauche, avec la peau de lion sur les épaules et une massue.

℞. P.M.TR.T.VIIII.COS.IIII.P.P. Arc, massue et carquois plat (an 1019 de Rome ; 266 de J.-C.).

(N° 282 de la *Description historique* de Cohen et Feuardent, 2ᵉ édition. — Cotée : 10 francs.

Bronze.

IMP.C.M.CASS.LAT.POSTVMVS.P.F.AVG. Son buste radié et drapé, à droite.

℞. RESTITVTOR GALLIAR. — S. C. Postume en habit militaire, debout à gauche, tenant de la main gauche une haste et relevant la *Gaule* agenouillée qui tient un rameau.

(N° 231 de *Cohen et Feuardent*). - Cotée : 12 francs. Cette médaille est incontestablement la plus remarquable de Postume ; elle est comparable aux belles pièces des Antonins.

Bronze.

IMP. C. POSTVMVS P. F. AVG. Son buste radié et drapé, à droite.

℞. FORTVNA REDVX. Temple à deux colonnes et à coupole ronde ; au milieu, la Fortune assise à gauche, tenant un gouvernail et une corne d'abondance ; sous son siège une roue.

(N° 83 de *Cohen et Feuardent*). — Cotée : 20 francs.

Lælien (267).

Lælien, général de Postume, se révolta contre lui en 267 et fut en quelque sorte son meurtrier. Ayant pris sa place, il rétablit des villes et des forts bâtis par Postume et qui avaient été ravagés par les Germains après sa mort ; mais il fut bientôt tué par ses soldats dont il exigeait, dit-on des travaux trop pénibles. Il paraît avoir aussi régné en Espagne d'après quelques médailles.

Bronze.

IMP. C. LÆLIANUS P. F. AVG. Son buste radié et cuirassé, à droite.

℞. VICTORIA AVG. La Victoire marchant à gauche, le corps penché en arrière, tenant une couronne et une palme.

(N° 3 de *Cohen et Feuardent*). — Cotée : 15 francs.

Victorin (265-267).

Fils de Victorine [1], il avait été choisi par Postume pour collègue à l'Empire, vers 265, et régna quelque temps seul après que Postume et Lælien eurent été assassinés. Il fut aussi poignardé à Cologne, en 267. On trouve

---

(1) *Victorine*, douée de talents supérieurs, prit le parti des armes. Elle reçut des légions de la Gaule le titre d'*Auguste* et de *Mère des armées*. Elle engagea Postume, dont quelques historiens l'ont cru sœur, à donner le nom d'*Auguste* à son fils *Victorin*. Après sa mort, elle fit reconnaître empereur Victorin jeune. Celui-ci ayant subi le sort de son père, elle fit successivement élire empereurs Marius et Tétricus. Victorine mourut quelques mois après l'élection de Tétricus, l'an de Rome 1021 (de J.-C., 268).

quelque confusion dans les historiens en ce qui le concerne.

IMP. VICTORINVS P. F. AVG. Son buste lauré et cuirassé, à gauche, armé d'un sceptre et d'un bouclier.

℞. ROMAE AETERNAE. Buste de Rome, à droite (sous les traits de Victorine?).

(N° 107 de *Cohen et Feuardent*). — *Cotée :* 800 *francs.*

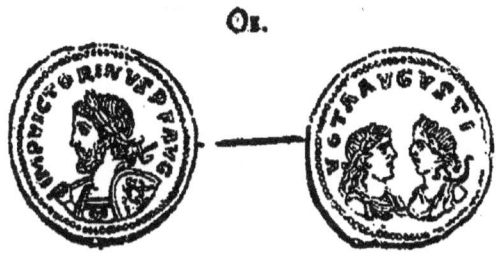

IMP. VICTORINVS P. F. AVG. Son buste lauré et cuirassé, à gauche, armé d'une haste et d'un bouclier sur lequel sont représentés un guerrier terrassant un ennemi.

℞. VOTA AVGVSTI. Bustes en regard de Victorin fils, sous les traits d'Apollon lauré et drapé, et de Victorine en Diane avec un carquois sur l'épaule.

(N° 137 de *Cohen et Feuardent*). — *Cotée : 800 francs.*

Marius (268).

Marius, ancien forgeron, parvint, par son courage, à devenir officier. Proposé pour empereur par Victorine, qui le jugeait capable, il fut acclamé par les soldats, puis assassiné trois jours après par l'un d'eux, à qui il refusait une grâce. On a frappé un grand nombre de médailles à son nom, et surtout dans l'ouest de la Gaule.

Bronze.

IMP. C. M. AVR. MARIVS. AVG. Son buste radié et cuirassé, à droite.

℞. VIRTVS AVG. Soldat casqué, debout à gauche, appuyé sur un bouclier et tenant une haste.

(N° 22 de *Cohen et Feuardent*). — Cotée : 15 francs.

Tétricus père et fils (268-273).

Tétricus était gouverneur d'Aquitaine, lorsqu'il fut engagé par Victorine, dont il était parent, à accepter l'Empire des Gaules après la mort de Marius. Proclamé en mars 1021 (268 de J.-C.), il se rendit à Bordeaux et fut reconnu empereur des Gaules, de l'Espagne et de l'Angleterre. Il fit donner à son fils le titre de César et celui d'Auguste. En 269, il soumit Autun, qui s'était révoltée, après un siège de sept mois. Tétricus se maintint sur le trône pendant toute la durée du règne de Claude II et le commencement de celui d'Aurélien ; mais il éprouvait tant de soucis et d'alarmes de la part des soldats, toujours sur le point de se révolter, qu'il écrivit à Aurélien pour le prier de le délivrer et de reprendre les provinces où il régnait. Aurélien vint donc, en 273, jusqu'à Châlons-sur-Marne et attaqua son armée, d'accord avec lui ; mais Tétricus s'étant rendu, les soldats furent obligés de se soumettre au vainqueur. Tétricus, emmené captif en apparence, fut plus tard nommé gouverneur de la Lucanie.

Or

IMP. C. TETRICUS. P. F. AVG. Son buste lauré, drapé et cuirassé, à droite.

℞. ADVENTVS AVG, Tétricus en habit militaire, à cheval, à gauche, levant la main droite et tenant un sceptre.

N° 6 de *Cohen et Feuardent*) — *Cotée : 350 francs.*

Or.

IMP. C. TETRICUS. P. F. AVG. Bustes accolés, à droite, de Tétricus père, lauré et cuirassé, et de Tétricus fils, nu tête et drapé.

℞. AETERNITAS AVGG. L'Eternité debout à gauche, tenant un globe surmonté d'un phénix et relevant sa robe.

(N° 1 de Tétricus père et fils, dans *Cohen et Feuardent*). — *Cotée : 800 francs.*

— Tétricus fils fut déclaré César par son père, l'an 1020 (267 de J.-C.) Il suivit ainsi que lui, le triomphe d'Aurélien, et, rentré dans la vie privée, il fut admis à tous les honneurs.

Billon.

C. PIV. ESV. CAIUS PIUS ESUVIUS TETRICVS CAES. Son buste radié et drapé, à gauche.

℞. SPES AVGG. L'Espérance marchant à gauche, tenant une fleur et relevant sa robe.

(N° 90 de *Cohen et Feuardent*). — Cotée : 30 francs.

— On trouve une grande quantité de médailles de Tétricus père ou fils en petit bronze, à revers différents, valant de 2 à 3 francs, et d'autres à légendes barbares et indéchiffrables se rapprochant des types connus, parce qu'on a continué pendant longtemps à frapper des monnaies à leur effigie, concurremment avec celles des empereurs de Rome, Aurélien, Tacite, Probus et leurs successeurs.

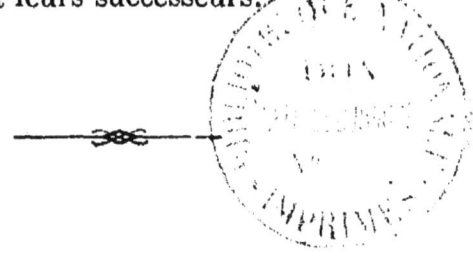

Original en couleur

NF Z 43-120-8

www.ingramcontent.com/pod-product-compliance
Lightning Source LLC
Chambersburg PA
CBHW071429060426
42450CB00009BA/2097